Qué manera de vivir tiene el olvido

Nueva York Poetry Press®

OXEDA

Ángel Díaz

QUÉ MANERA DE VIVIR
TIENE EL OLVIDO

Nueva York Poetry Press LLC
128 Madison Avenue,
Oficina+ 2RN
New York, NY 10016, USA
Teléfono: +1(929)354-7778
nuevayork.poetrypress@gmail.com
www.nuevayorkpoetrypress.com

OXEDA
Amecameca, México
oxedacontacto@gmail.com
www.oxeda.com.mx

Qué manera de vivir tiene el olvido
© 2021 Ángel Díaz

ISBN-13: 978-1-950474-70-7

© Dirección y edición:
Antonio Ojeda

© Consultoría:
Marisa Russo

Díaz, Ángel
Qué manera de vivir tiene el olvido / Ángel Díaz. 1ª ed. Ayapango, New York: OXEDA/Nueva York Poetry Press, 2021, 106 pp. 5.25" x 8".

1. Poesía mexicana. 2. Poesía latinoamericana.

A A.E. Quintero
Este libro no hubiera sido posible sin el apoyo incondicional de mi maestro y amigo, gran poeta, a quien le agradezco inquebrantable que me enseñara no solo a escribir poesía, sino a ver la vida a través de ella. A él le debo todo lo que soy de poeta.

A mi hija Amelie
Porque es mi motivo y mi razón para seguir adelante en este camino, y es que a través de sus silencios, en sus ocurrencias y en la forma de decirme las cosas de una manera tan auténtica, es más poeta que yo. Gracias hija por todo lo que eres en mi vida.

A mi mamá Isabel Díaz
Porque estoy orgulloso de llevar tu apellido y porque pones siempre el corazón antes que todo. De ti aprendo muchas cosas pero la que más se me ha quedado es el amor incondicional hacia la gente que amamos.

A mi hermana Teresa
Porque sin querer siempre has estado en algunas de mis presentaciones y cuando sabia que ibas a verme lo he tratado de hacer mejor.

A mi hermano Maty
Porque aunque no entiende nada de esto que hago, sé que me apoya.

A Antonio Frías
Porque hay cosas que uno hace desde los hechos a veces sin comprender y nos has demostrado que podemos confiar en ti. Gracias

A mi Abuelita Teresa Ramos Montes y mi abuelito Hipólito Solís Castro
Porque aunque no están en este plano físicamente están en mis palabras, mis experiencias, mis hechos y mi día a día. Mis abuelitos son música y poesía.

He puesto doble llave a la puerta
para impedir que la soledad salga a buscarte

QUIZÁS YA NO SE TENGA SEXO,
pero al meter junta nuestra ropa a la lavadora
aún existe el deseo de encontrarnos.

En la lavadora se acomodan todas las posiciones
que hemos olvidado desde hace años.

Tu ropa interior de nuevo es humedad
y mi pantalón se baja la bragueta
hasta que por un momento
somos de nuevo un cuerpo,
un solo cuerpo.

Y justo cuando acaba el ciclo de lavado,
cuando la ropa ya está seca
y terminamos de acomodarla,
cada uno se devuelve
sus propias fantasías.

N<small>O SÉ POR QUÉ LLORO EN EL SUPERMERCADO</small>
cuando veo las aceitunas,
parece ridículo llorar por un fruto tan negro de pecho,
tan verde como el color de tus ojos avinagrados
que se marcharon.

Alguna vez escuché a un poeta decir
que uno puede llorar con cualquier palabra
o con cualquier cosa si se le da la gana.

Tal vez no se trata solo de llorar
sino de aceptar a esos días que no tenían que levantarse
o intentar huir de esos aguaceros que caen
en medio de estos pasillos
o quizás, aprender a caminar descalzo
como todos los viernes
cuando íbamos al supermercado.

Comprar tus días de verduras sin colores amarillos,
llegar a casa y bebernos más allá del fondo
de una copa de cristal,
comer aceitunas lentamente,
de la misma manera
que caía nuestra ropa y el cansado trabajo de tu oficina,
de la misma manera
que dejaba descansar las sombras
de tu diario morir discreto
antes de que te despertaras.

No sé por qué insisto en comprar aceitunas
si en este momento cualquier cosa
que vea en el supermercado
puede ser como activar una bomba de tiempo.

ES DIFÍCIL HABLAR CON EL SILENCIO
sin llenarse de palabras
que ya no encuentran algo vivo.

Quedarse parado en la puerta,
ver que la vida se lleva sus maletas
y ahí va uno, adentro.

La vista se distorsiona
y uno no entiende el paso que da
                              porque no queda de otra,
porque no hay nada que hacer.

Quizá el olvido es el mausoleo
donde uno regresa para encontrarse
y de todos modos
uno termina colgado de él,
sujeto a sus extremos,
estirando sus cuerdas
y haciendo de esa resistencia
el lugar de todo origen.

Desde tus palabras soy un extranjero

LA MAÑANA Y YO HICIMOS UN TRATO,
no volver a recordarte,
ni en la cama desnuda con días de insomnio
ni en la silla de empolvados recuerdos.

Le prometí a la mañana
soltar tu nombre que se quedó
en este pulso pausado,
en este pecho que suena
como hojas secas al pisar.

Le prometí a la mañana
no volver a llorar en el trasporte público
sin que la gente me pregunte si aún existo
donde cada día envejecen mis ojos.

La mañana y yo hicimos ese trato,
pero no lo estoy cumpliendo.

LA SEÑORA QUE ME VENDE EL PAN
me pide por favor entregarte el catálogo
                            de productos de belleza;
paso a la recaudería
y me preguntan por el perro que paseábamos;
el señor de la tienda de abarrotes me dice
                            que no me preocupe,
que cuando pase de nuevo a su local
le pague el dinero faltante para completar mi compra
y todos amablemente, a su manera
me preguntan por ti.

¿Por qué será que hacemos de los lugares nuestra casa?
Porque sé en qué esquina debo dejar mis recuerdos
para que el señor de la basura se los lleve,
sé la hora donde me rompe los cristales
la voz del señor que vende el gas
y sé también
cuáles fueron las calles por donde podrías volver
y de regreso a casa
hago siempre el mismo recorrido.

Lo juro,
no quisiera irme de la gente que vive en mí,
de tantas personas en las que estoy
o las cosas que dejaste
en todos los lugares de esta colonia.

No quiero ni pensar
cómo será
el día que deba de mudarme.

IMAGINO LA MUERTE DE ESE GATO
y su amargo destino
ante lo hinchado
que el sol ha dejado su cuerpo.

Creo que el gato,
en su intento de huir del edificio
donde ya no soportó su recurrente encierro,
extendió sus garras hasta el árbol
para sentirse más cerca de calendarios sin fechas,
de relojes sin horas,
pero no lo logró
y al caer
nadie quiso recoger su cuerpo.

Pienso que hay que salir sigilosamente,
que uno debe aprender a despedirse.

Yo me he despedido tantas veces.

Y ahora que veo en ese gato
la dignidad de morir con la cara en alto
no me puedo burlar del secreto destino
que nos dispone la muerte.

Un gato
que muere con las garras hacia el cielo
merece todo mi respeto.

ES CURIOSO EL DESTINO DE ALGUNAS COSAS:
las hojas caen lentamente
y la belleza de su caída
distrae mi verdadero encuentro.

(Un día algo me dejó completamente vacío
y regresó para querer llevarme)

A veces observo desde lo más alto cuánto he caído
y en algún lugar yace parte de mí
como aquellas hojas que la muerte
se ha empeñado bellamente
en desplomar y levantarlas.

I

Recuerdo el frasco de mi infancia lleno de caramelos,
me sentía más seguro cuando lo veía.

Un frasco lleno
era un padre con trabajo.

A veces pasaban semanas,
el frasco se vaciaba
y cada dulce era la única caricia que recibía.

II

Un frasco vacío
puede ser el resumen de mi infancia.

No me gusta mi voz
igual que el sonido martillante de las goteras,
o quienes rechinan la maldita cuchara

                             contra sus dientes,
o cierta gente que no cierra la boca al masticar.
Detesto esos sonidos tanto como mi propia voz.

A veces mi voz
se queda flojeando dentro de la contestadora

                                 y no la reconozco,
es como si fuera alguien diferente
de la persona alta, trabajadora y elegante
que escucho en mi cabeza
y también detesto.

En ocasiones llega con su escándalo a mis reuniones
y por más que le diga que se comporte
se pone a cantar arriba de las mesas,
alza sus manos al aire
como si estuviera en una discoteca
y se emborracha hasta perderse.

La odio tanto
que me gustaría contratar a un actor que hable por mí,
modere mi sensibilidad y mis emociones
y grabe un nuevo mensaje en la contestadora.

Pero,
¿Quién puede escapar
del encierro de su propia voz?

EL HOMBRE QUE YO ENVIDIO
debe vivir en una casa más grande

                        que todos mis sueños,
si jerarquiza sus paredes hasta por costumbre,
organiza viajes con mujeres diferentes
y despilfarra el dinero en las borracheras
de cada fin de semana,
pensando en la fortuna de estar vivo.

Eso creo de él, pero quizás no tiene demasiado
y deja algunas de sus deudas para los demás,
por eso dio
mi número telefónico al despacho de cobranza.

Me pregunta la voz al otro lado del auricular,
la que cree que hoy va a cobrar alguna comisión
si lo conozco
y siempre digo no.

Desearía conocerlo,
me ha dado una angustia para mí.

Yo,
que casi no tengo nada,
lo siento tan cercano
que quisiera pagarle
con este poema.

VEO VIDEOS DE COMEDIANTES
y decido pausar la computadora
después de ver tan mala rutina.

Voy a la tienda a comprar cigarros
y regresando pienso masturbarme.

La vida es un chiste mal contado
—pienso—
mientras cruzo la calle
y un aguacero me arremete.

Me refugio debajo de mis labios agrietados,
me escondo detrás de las palabras
como las ideas que tenía
antes de que fueran pájaros mojados.

Regreso a casa empapado,
decido fumar antes de ir a dormir.

Y creo que la vida
es un chiste mal contado por Dios,
que le ha puesto pausa a mi vida
desde su *MacBook* de manzana dorada
y también salió a comprar cigarros.

Qué manera de vivir tiene el olvido

No sé cómo llegó hasta aquí
pero acabo de aplastar un grillo que subió a mi cama.
Seguramente así lo hizo Hitler
                    al acorralar judíos y asesinarlos,
así debió bajar su pulgar Julio César
en las luchas de los gladiadores.

Aunque el grillo nunca me hizo nada
                    no sé por qué lo maté,
no sé porqué no pensé en su familia de grillos,
si era la señora grillo
que fue a buscar comida para sus pequeños grillitos
que se la pasaban grillando.
Tampoco supe si era un grillo desaparecido
que intentó pedir posada al ver
                    la luz encendida de mi habitación
o solamente quería ser el espectador
                    de la película que veía.

Añoro la promesa olvidada de un anillo
que alguna vez encontré en un parque,
recuerdo el monedero que hallé
en la parte superior de un teléfono público hace años,
pero nunca le busqué sentido
a esas cosas que me pasaban y no comprendía.

Y si la suerte estuviera de mi lado
desearía no volver a refugiarme
                    en cualquier ventana iluminada,
exigiría no tener una compañía
solamente para espantar el silencio de mis sombras

y pediría olvidarme de una buena vez de ella,
pero si pusiera esa esperanza
en el dedo gordo de Dios,
al igual que ese grillo
yo terminaría aplastado.

HAY DOS CASAS EN LAS QUE VIVÍ.
Una en la que ella era una fotografía
                              colgada en la pared
y otra donde pronunciaba su nombre,
conseguía ver detrás de la niebla
y podía volver a tocarla.

UN PORNOSTAR PUDO HABER SIDO,
meter su pene en supuestos videos caseros,
en miles de vaginas rasuradas.

Con su saco roto sin camisa abajo,
ojos verdes y piel morena
parece que un pornostar camina
sobre un campo llanero de futbol
con sus pantalones abajo
dejando ver su enorme pene.

Un pene obrero
que trabaja hasta las doce de la noche en punto,
ciclópeo
como la hora de salida,
negro
como una enorme noche,
gigante
como su frustración.

Si tan solo viera otra realidad:
le toman fotos cuando pasa,
se murmura su nombre,
parece en verdad un pornostar.

Pero él,
manos llenas de tierra,
árboles que utiliza de cobijo,
vive en su mundo de drogados insomnios,
de obligados sueños.

Yo lo miro desde la fugacidad
con la que uno escapa de casa
y se refugia en otra vida.

Pienso entonces en aquel lugar
donde él también se ha escapado.

Si no fuera un vagabundo
seguramente
sería un gran pornostar.

JUEGOS DEL LENGUAJE
(METAPOESÍA A MANERA DE GOMBROWITZ)

Si en un poema utilizo la palabra polen
crea estilo,
pero si se la regalo al pordiosero
diré que es su droga.
Tan ilógicos parecen los enunciados de arriba
que un perro oliendo la cola de su perra
también es un poema.

Nunca es fácil escribir un poema,
pero si tienes agua de florero
también puede servir,
como un día que inicia muy extraño
en el que quisieras estar todo el día en la cama,
pero accidentalmente sacas el dedo gordo del pie
y se escucha a lo lejos una avalancha.

Por eso prefiero seguir calientito bajo las cobijas
aunque alguien insista en jalarme la pijama
y quiera que le explique este poema.

DONDE NO ME HE VISTO
es donde me encuentran todos.

Nadie sabe las veces que luché
contra las puertas que azotan mi entereza,
si en mi silencio hay pequeños pasos
con la mirada agachada.

Estoy desarmado,
recreando las tachaduras de mi vida
y en el fondo soy un ciervo herido
por un arma de fuego
que se accionó sin razón.

Me he buscado en otros,
al mendigar una limosna de compañía,
esperando a que me acepten sin aceptar a nadie.

Y de qué me sirve ser este que soy
si me hundo en esta lluvia
que se ha ido acumulando.

                              Me siento mayor
                desde que la lluvia abandonó mi puerta.

LLUEVE,
escucho su caída,
llueve
como si lloviera en reversa.

Digo mi última palabra,
digo lo que alcanzo a decir,
en este pueblo lleno de fantasmas
antes de que el viento azote
la puerta donde han muerto todas mis edades.

Llueve
como si lloviera en reversa,
llueve
y escucho su caída.

Escribo sobre un lienzo en blanco
en el que alguien
está limpiándome las manos.

SI HUBIERA TENIDO CUANDO ERA NIÑO
ese par de zapatos para jugar futbol,
hoy presumiría en mis pies
los días que quedaron en pausa
esperando una oportunidad.

Si con la insistencia de ese futuro
le hubiera removido un poco de indiferencia a mi padre,
no me hubiera pasado tantos fines de semana
viendo los partidos desde una multitud
de bancas solitarias.

A veces un amigo me prestaba sus zapatos
y cuando entraba al campo
era como llevar puestos sus sueños.

Al voltear a ver las gradas
veía a mi padre apoyándome
desde el deseo de mi imaginación,
pero lo único que existía
era su lugar ausente.

Su resaca le impedía sacudirse
alguna de las muertes
que lo iban persiguiendo.

Si yo
hubiera tenido ese par de zapatos
es porque también
hubiera tenido un padre.

VEO MI ANTIGUO AUTOMÓVIL
                              sin fuerzas para marchar,
ya es demasiado viejo.

En él aprendí que una autopista
                              es un pensamiento inacabado,
descubrí que puedo dejar mis noches de nieve
con solo sentir el viento golpeándome el rostro.

He juntado el dinero suficiente
                              para comprar un nuevo automóvil
y cuando el vendedor me pregunta
                              cuál es el que quiero, le digo:
Quiero el automóvil donde acomode el retrovisor
y vea a un niño bajarse de su bicicleta
                              para sentarlo a mi lado,
quiero el automóvil donde vea la derrota
                              en el rostro de todos mis amigos
después de que salíamos de alguna fiesta
                              en la madrugada,
quiero el automóvil donde ella azote la puerta
                              y la vea bajarse.

Hay veces en las que tomo de nuevo ese volante
y busco mi primer amanecer en una playa,
aquellas manos en el asiento de atrás,
el sonido de botellas reventadas en una carretera,
todos los lugares donde fui dejando el nombre
y que a veces encuentro
al abrir la puerta de mi antiguo automóvil.

Ya he visto muchas veces la palabra caballo
                              pastando en la poesía.

¿Pues quién la alimentará?
Porque mantener a un caballo en un poema
debe ser muy caro
y algunos poetas ni mascotas tienen.

Supongo que uno se impresiona
con lo majestuoso que se ven cruzando por el poema,
saltando de un olvido a otro,
dejando en la tierra un polvoso nombre
o saliendo a la media noche de entre las tinieblas.

A veces me gustaría que las palabras y las cosas
no fueran tan diferentes
y que al dibujar un árbol en una hoja de papel
no se escuchara otro bosque a punto de ser talado.

Quizás por eso no pongo caballos en mis poemas
porque los únicos que he visto
van recorriendo los pensamientos
                              cansados de otros hombres.

ENCONTRÉ UN PAQUETE DE CIGARROS CASI LLENO,
cayeron al mover la cama.
Así es la suerte
casi como meter la mano a un saco
o a un pantalón arrumbado y hallar dinero.
Y es que a veces la ironía se disfraza de sorpresa.

Quise dejar de fumar
cuando la vi salir con sus maletas,
pero el cigarro fue el arma
que obligó al insomnio a calmarse.

Porque cada bocanada
rebobinaba el casete de mi memoria,
aquellos días cuando me pedía un cigarro
después de hacer el amor.
El consuelo fue acercarme al vicio que nos unía.

Abro el paquete,
doy vuelta al carrete de las balas,
la boca es el gatillo,
doy el primer soplo,
pero ya no la veo
haciendo círculos de humo.

Amar es desempolvarse

Quiero hablarte de mí
como si fuera una casa rodante,
o como un especiero con sus espacios justos,
o como un almacén
donde solo caben cajas de cierta medida.

No quisiera responderte
en qué medida amé a esa mujer,
no quisiera ruborizarme
cuando me señales su fotografía.

Prefiero contarte sobre las arrugas
del sueño plateado de mi abuela,
de la madera apolillada de mi infancia,
sobre mis tantas caras desplegadas como un mapa
donde guardo la ubicación exacta
de las cosas importantes.

No me preguntes
por qué hay polvosas cajas amontonadas
o por qué hay puertas sin llaves
que ahora se contagian de ventanas abiertas.

Quiero hablarte de mí
como si fuera una casa rodante.

DE REPENTE
entrar a la regadera
cambia.

No es la prisa repetida de abrir la llave
y dejar caer la oscuridad de la noche,
tampoco es lavar la soledad
que viene hacia mí arrastrándose,
es acomodar cada nueva sensación
como un perfume de notas agudas
que resiste todo el día en el cuerpo.

Se abren las cortinas al cerrar los ojos,
el vapor enternece la piel
y las manos
ya no son más ramas secas.
Los colores podridos caen lentamente.

De repente
el agua se convierte en la lengua de antiguos amores,
llega hasta mis testículos,
lame amorosamente todo mi cuerpo
hasta besar esa sombra avergonzada
que corre a apagar la luz de la habitación.
Es como si mis pensamientos y mi sexo
hablaran el mismo idioma.

Y de repente cambia,
cambia esta espera de noches sin hablar
como si ahora
la prisa caminara muy despacio.

ENTRAR A UN HOTEL DE PASO
es escribir la historia
que se guarda en el cajón
de los pendientes a olvidar.

Lejos queda la familia con sus vajillas rotas,
lejos las palabras comprensivas,
lejos el automóvil estacionado.

Así los amantes van armando su desnudez.
Se desviste el deseo
y poco a poco se encienden los silencios,
ese instante que se repite y se repite y se repite.
Las palabras se van manchando de sudor.

Después la calma crece en los ceniceros
como si de pronto la lluvia de afuera entrara.
La conciencia es un vidrio empañado
donde el amor inventa su propio manicomio.

LA IGUALDAD LINGÜISTICA NO TIENE QUE VER CON LA ORIENTACIÓN SEXUAL

No sé distinguir entre árbol y árbola.
Supongo
la cantidad de pájaros que habitan en sus ramas,
supongo
un árbol que enverdece y da frutos cada temporada.

Pero a estos dos árboles que los plantaron tan cercanos
no les importa
y no debería importarle a nadie
esas dos raíces que se esconden debajo de la tierra
solamente para poder tocarse.

NO RECUERDO NADA TAN PERFECTO:
mis manos de once años,
manos de sexto de primaria
con temor a equivocarme,
con infinidad de cuadernos,
con su nombre escrito a lápiz,
—acariciándonos la edad—
lo han logrado;
no recuerdo dos mitades tan iguales,
meter el amor en otro cuerpo:
un niño nervioso y confundido
al compartir la mitad de su aliento
con el niño que le gusta
a la hora del recreo.

EN LA MARATÓN DE ESTE AÑO TENGO EL NÚMERO 436,
es inútil encontrarme en la fotografía panorámica.

Los corredores con experiencia
                                        realizan ejercicios previos,
han estudiado la ruta con días de anticipación
y con solo cerrar los ojos
pueden trazar el mapa del recorrido.

Algunos hombres se disfrazan con shorts cortos,
prefieren transparencias o colores claros
para mostrar su trompa colgada al contoneo
y no dejar nada a la imaginación.
Algunas mujeres
marcan la hora de la cama,
esa línea que te hará llegar a tiempo a esa meta.

Hombres voyeristas y mujeres fetichistas
juegan su papel.

Tengo el número 436 en la maratón de este año
pero también he sido el hombre
que apunta su pistola hacia el cielo.

He recortado mi barba
y me reencuentro en el espejo con mi padre

¿CÓMO SE MATA A UNA GALLINA?
No a un gallo de pelea
que muere como un soldado con la cabeza en alto,
no a un pollo de crianza
al que tempranamente le cortaron sus alas.

¿De dónde sacó el valor mi padre?
No sabía matarla,
pero sus manos fueron como el arma blanca
de un asalto callejero.

Primero sujetó del cuello a la gallina
y le arrancó sus últimas palabras,
después intentó torcerle la cabeza
como quien dispara una pistola por primera vez
y en esa torpeza
solo pudo herirla de muerte.

¿De dónde se sacan las fuerzas para seguir?
Mientras veo a mi madre temerosa
cuando entra mi padre
con las manos ensangrentadas.

CON OCHENTA PESOS
puedo comprarme un café en Starbucks
o comerme unos tacos afuera de cualquier
                              estación del metro
y sentirme satisfecho.
—incluso hasta darme el lujo de dejar propina—

Podría pagar una sola entrada al cine,
pero en día de promoción
o dar limosna a todos los que alcancen
aunque no alcance.

Comprarme un paquete de galletas, un litro de helado
y ver la película pirata de *El diario de Bridget Jones*
y así unirme a la desgracia amorosa
                              de todas las mujeres.

Puedo emborracharme
con ochenta pesos
comprando una botella de licor barato
que represente esta jodida tristeza.

También podría comprar
un paquete de cigarros sin filtro
y fumarme todos mis recuerdos.

O regalarle unas flores a mi ex
e ir corriendo a buscarla
y decirle que me perdone,
que estoy arrepentido.

O podría bajarme del camión
y regresarle el monedero a la señora
que estaba a mi lado.

ELLO, YO Y SUPERYÓ

¿Cómo serán los rostros de las voces
                    que a veces me acompañan?
Siempre los imagino
altos como árboles de gran follaje
                    y con su mucha sombra,
otros con cuchillos entre los dientes,
algunos verdes oliendo a frutas
o como periódicos viejos
cargando noticias que nadie quiso leer.

¿Y si al descubrir sus rostros la imaginación envejece?
¿Y si se marchita el fondo del espejo?
¿Y si las dudas abren sus guaridas?
Prefiero no romper el encanto.

Guardo el misterio de qué tan árboles son
o qué olor pueden desprender
o qué noticia van guardando
más adentro de la voz que me imagino.

No nos contrataron como guionistas para caricaturas

El trabajo de la cara metálica de la engrapadora,
aquella que recibe las grapas afiladas,
debe ser terriblemente humilde,
al grado de tener siempre el rostro
con menos expresión.

¿Te imaginas?
Recibir el filo de las grapas y curvearlas
así como la nuca agachada de un hombre
cuando sale después de su hora de salida
y encima de todo
pone una expresión amable
que disimula su semblante herido.

Me compadezco de ella,
ha sufrido desde que su lugar de residencia
son las oficinas
donde papeles salen volando de las impresoras
como aves emigrando del invierno.

Creo que las engrapadoras y las caras metálicas
deben formar un sindicato
y unirse por el maltrato que sufren
cuando un desalentado oficinista
decide clavarle el golpe seco de su frustración
dos o tres veces consecutivas.

Pero es absurdo
porque su rostro se ha moldeado,

quizá se han puesto de acuerdo año con año.

Aunque hay días donde la noche llega anticipadamente
y desde el último piso de una lujosa oficina
se resigna a ese encierro un hombre solitario
mientras toma un café
y, lentamente,
la sombra de un niño se le acerca,
lo toma de la mano
y le señala un parque en la ciudad.

ME SIENTO AL COSTADO DE LA CAMA
y surgen las mil preguntas que se hace un hombre
cuando se enfrenta al silencio,
las mil dudas
cuando uno se apoya en el hueco que se forma
en los colchones.

Donde, en la misma madrugada,
miles de hombres
fuman sin fumar,
donde aún se aprecia en el fondo de sus ojos
el rostro de su padre ausente,
donde se miran las palmas de las manos
ahora sin ninguna línea.

Miles de preguntas que nadie va a responderme
como a todos los hombres sentados en este momento
al igual que yo en ese hueco de la cama.

¿Y SI ESE DÍA DIOS SE DESVELÓ
y por eso no escuchó que tocaban su ventana?
¿O en ese momento peinaba su larga barba
y decidió recortarla y cambiar
enfrentándose al espejo
como no lo hizo la noche de ayer?

¿Y si su celular se quedó sin batería
después de tantas llamadas perdidas
                                de los que lo necesitaban
ayer que jugaba a las cartas del destino con Luzbel?

¿Y si realmente lo que quería
era esconder su cabeza por la resaca
para intentar olvidarse de todo?

¿Y si hace días Dios quitó de su cartera
                                su propio retrato
y el de todos los santos que lo protegían
y quería pasar tiempo a solas para reflexionar
                                sobre lo difícil de ser Dios
y seguía sin entender por qué le dio al hombre
algo tan grande como el libre albedrío?

Eso explicaría
entonces
por que Dios no hizo nada
el día que mataron a tu madre.

No sé meter los sueños en una jaula
y dejarlos morir de hambre

CADA QUE LLEGA NUESTRO ANIVERSARIO
veo el video de nuestra boda
y reconozco mis lentos pasos
cuando entro a la iglesia del brazo de mi madre,
con la misma ansiedad
de atravesar un túnel que nunca termina.

Entonces la veo a ella al pie del altar
envuelta en el velo angelical de todas las novias
                                        al casarse,
mientras yo,
aún sin saber
que me quitará la mitad de lo que gane en el futuro,
que solo podré ver a mis hijos cada quince días
y que su padre
ya no me dirige la palabra,
pero no lloro.

Cada año, después de tomarme una botella de licor,
pongo la cinta de nuestra boda pero en reversa
y me echo a reír
como si viera un programa de comedia con risas
grabadas.

Entonces veo como dejo plantada a la novia
                                junto a su padre
porque nunca llego hasta el altar.
Mi madre me hace señas para que huya y no regrese,
que ella se encargará de las disculpas y todo lo
colateral.
Entonces salgo esplendoroso pateando aquellas

                                enormes puertas de madera
desafiando a Dios,
al destino
y a la línea que crucé en la madrugada
donde cada año amanezco abrazando botellas vacías.

ACARICIO A MI PERRO
así, sin más razón
que la fraternidad
de nuestras soledades.

Antes era mi costumbre acariciar amantes
que ya se han ido
—y lo digo con vergüenza—
pero hay cierta complicidad
al sentirme dueño de alguien.

Salgo al supermercado
y finjo no sentir envidia
de aquellos que hacen la despensa
                                con la persona amada
porque yo,
con solo pasar por el departamento de carnes frías,
o poner mi mano en un mechudo
puedo recordar a mi perro.

Aparento ser un hombre de paz,
aunque por dentro
estoy tratando de sesgar el campo
con una guadaña oxidada.

Ya no me da miedo regresar a casa
ni ver las cuerdas colgadas en los árboles
ahora que la tranquilidad
camina con la cabeza en alto.

TE ESCRIBO DESDE AQUELLOS DÍAS
que siguen persiguiéndonos,
desde los destinos que se pierden en el camino,
desde las ventanas que permanecen
cerradas a los sueños,
mientras escucho la oscuridad
de las cosas cuando duermen.

Me pediste que te escribiera
desde amores que ya no existen,
—esos vuelos—
pero aquello es solo una pista de aterrizaje
mojada e inacabada
adentro de mis ojos.

Se enfría el café
en esta mañana
que me hizo recordar nuestras cómplices manos
como la conveniencia de algunas mentiras
que nos vamos creando.

Nuestro futuro tiene días de retraso
y las respuestas se cansaron
de huir de sus preguntas.

Quizá le falten a los años buscar sus raíces
donde la memoria no sea solo
palabras escritas en los ceniceros.

Habrá que esperar ese poema
que aún no existe.

ODIO TENER QUE PASAR
          por la revisión de los aeropuertos,
la inspección de las cosas que no supe dejar.

Cuando paso por la inspección de seguridad
siento como si alguien metiera
                              una navaja en mis entrañas
y revisara minuciosamente
las páginas en blanco de los poemas que no terminé,
las partes oxidadas de mi cuerpo
o esas hojas que caen de ese árbol que a veces soy.

Alguna vez leí que después de regresar de la luna
a Armstrong, Aldrin y Collins
les retuvieron muestras de rocas y polvo lunar.

No quisiera decir lo vergonzoso que es
que alguien ajeno revise nuestro pasado,
pero también podría ser que por pura trampa
siempre guarde cuchillos o pistolas en mis maletas
y algunas rocas lunares
donde espero que la seguridad del aeropuerto
no me falle.

Tiré lo nuestro adentro de tus ojos

A QUIÉN METO EN ESTA CASA
si sus paredes
cada día me están matando.

A quién le invito de mí día a día
si en cada recámara
están regados todos mis sueños
y la cama está llena de fracasos
que dejé sin despertar.

Nada ya cabe en esta casa,
en este derrumbe de platos y recuerdos,
donde he aprendido a caminar de puntillas
sin tocar ningún cadáver
para salir seguro de este cementerio.

Y a quién podré mostrarle
esta oscura luz que me sostiene.

¿Habrá alguien que ayude a quitarme
las botas pesadas de este viaje?

En qué parte del miedo le acomodo,
en qué lugar de la casa,
si yo tampoco quepo en ella
y hace años
ya nadie puede entrar.

EN LAS BOLSAS DE MIS PANTALONES
encontré el boleto de mi último viaje.
Quería escribirle un poema
que hable del día que me despedí
de las bancas en aquel parque
donde pasaba arañando puertas que no existen,
un poema que hallara a la mujer
que perseguí en esos años
y dejé guardada entre abrigos viejos
y pantalones arrumbados,
un poema que describiera esas noches
en las que pensaba en los sitios
que nombra uno como casa y solo fueron un refugio.

Ahora es un papel desgastado.

Esta perseverancia de los escritores
—ahora mía—
por hacer de cualquier cosa un poema.

FOTOGRAFÍA A DISTANCIA:
Un perro atropellado sobre la avenida.

Todos lo miran
y nadie quiere detenerse a ayudarlo,
nadie quiere arrastrarlo hasta una orilla.

Los carros van destrozando su quijada,
su cuerpo
poco a poco se deshace,
ya casi no tiene rostro
y a nadie le importa.

Tal vez la vida
sea como la de ese perro
que pasó sin fijarse
al cruzar una avenida.

CUANDO LLAMO AL 911
siempre lo hago por las madrugadas,
quiero creerme tranquilo
aunque sea por contagio de esa voz.

Si me pusiera en las manos de una ambulancia,
la emergencia sí parecería una emergencia.

Por eso prefiero
llamar al servicio de localización de los desaparecidos,
pero en ese número jamás responden:
¿En dónde dejaste el silencio que me prometiste?
¿En dónde está ahora el cuerpo que salía de mi cuerpo
y era tu sombra frente a mí?

Marco al 911
solo
para que alguien me escuche.

CON QUÉ INDIFERENCIA
la gente del correo postal
ordena mis días nublados y mis tardes sin ventanas
como si no pasara nada,
como si una carta
no llevara acomodada una vida completa,
una carta
que a veces se manda sin remitente
para que no regrese,
para que cierta vida de uno
no regrese.

Hay gente que va hacia los gritos
                    clausurados de sus rostros,
otros van hacia los años que esperan jubilarse.

Yo,
voy al correo postal
y le dejo a la dependiente
un sobre con nuestra acta de divorcio.

ADMIRO A LOS TRABAJADORES DEL CAMIÓN DE LA BASURA,
reciben tus secretos
y por unas monedas
se llevan tus tristezas.

Puedes salir a tirar tu piel muerta,
el sexo de la noche anterior,
la canción que se rayó dentro de mí
                                    de tanto escucharla,
la botella, ahora rota, que la acompañaba.

El camión de la basura
se lleva siempre lo mejor:
la vida ya vivida.

Ahora pienso en la elegancia
que nos dan los eufemismos,
dar los buenos días,
saludar al señor basurero
y dejarle unos pesos
a cambio de llevarse las cosas que anoche
hablaron por nosotros
y que jamás
volveremos a ver.

Cerré la puerta:
estoy a salvo

CASA DE SEGURIDAD FUE MI PECHO,
todas las habitaciones blindadas,
sin paradero,
sin testigos,
ni armamento
ni palabras que pudieran defenderme.

En este encierro pasaron los días en reversa,
canciones que duraban más de treinta noches
y las mismas preguntas que nunca pude responder.

Al final lo único que queda
es tirar los restos en cualquier bote de basura,
acomodar esos años en un rincón de la casa
                              donde no estorben
y salir de ese lugar solitario y silencioso
del cual ya he sido desterrado.

QUÉ DURA ES LA NOCHE
                    mientras las cosas duermen,
aquello que se fuma es como una señal,
el silencio de un cuarto es nuestra respiración
y mis palabras anochecen.

Pero qué otra noche se puede apagar
con estas puertas cerradas que guardan tantas batallas
si hay silencio de años
donde puedo escuchar el corazón de los muertos.

Imposible entender
que muchas de esas sombras van reptando
como pedazos de uno
y reaparecen
cuando los sueños mueren dentro de sus jaulas.

También el miedo se convirtió
en una orilla a la que seguí aferrado
como estas palabras que no alcanzan a ser despedidas,
como a ciertas personas con solo nombrarlas.

No sabía que la noche se podía alargar,
extenderla como una sábana y perderse en su negritud,
que se podía acomodar en mis manos
                    como guantes a mi medida.

¿Quién se atreve a tocar ahora esta rota noche?
¿En dónde dejar la poca luz que me ciega
si quiero pasar desapercibido dentro de la casa
y no sé quitarme los zapatos

para no despertar a nadie?

Entonces,
¿para qué vivir en esa noche?
Si siempre duele
y duele desde abajo de lo hondo,
desde lo callado y pausado
de algún rincón sin sacudir
y uno se cansa de ser oscuridad,
de ser meses en espera
para tratar de romper este silencio

en el que estoy sentado.

Hace falta valor
para aprender a caminar bajo esos zapatos de sombras,
para aceptar a la noche como la mejor parte del día,
donde una puerta abierta ya no es una respuesta
y no parecer el cuerpo enfermo de un caballo.

Noche para los días solitarios.
Noche que crea cuartos que no existen,
donde me veo adentro
pero sigo estando afuera.
Noche que llena la soledad del mundo,
para tapizar libretas con excusas.
Noche
nde he perdido mi nombre

ENCERRADO ENTRE CORTINAS,
lo humano que me queda
se pone de pie,
se arrastra hasta la puerta de la casa
donde finge que nadie lo ve
y que no pasa nada.

Un pez al anzuelo
(poemas sueltos)

SOBRE COMO SE PODRÍA INTUIR UN POEMA

Y el muchacho vio
que, al aventar obleas a los peces,
por instinto
no todos comían.

Parte del alimento se iba al fondo de la pecera
o simplemente
había peces que ya estaban muertos y flotaban.

¡Que solos nadan los pocos peces
que siguen vivos en la pecera!

QUIERO SER DIEGO LUNA
porque te emocionaste
cuando en un cometario en twiter
te mencionó.

Me corté la barba con su look de hipster vagabundo
para que pases la música de tus manos
                              sobre mis mejillas,
he intentado bajar de peso
y no comerme estas inmensas ansiedades por verte,
me he metido a clases de actuación
pero mis ojos enamorados
no saben disimular el pánico escénico
de nuestro secreto entre tanta gente.

Después de pasarme la máquina de afeitar,
después de intentar peinarme como Diego Luna,
con esa sobriedad y risa fresca de lago,
recargo el rostro en mi mano frente al espejo
y pienso en cómo gustarte tanto cómo él.

Entonces disculpo los kilos ganados
en todas las cenas, cervezas y excesos
que hemos compartido
y lanzo mis ultimas monedas
en el pozo vacío de mi pecho
donde he puesto todas mis esperanzas
para cumplir este imposible.

No soy Diego Luna
y nunca seré ni siquiera un actor
aunque intento representar el papel
que interpretamos cada fin de semana.

Siempre llego tarde a los sitios importantes
para evitar la pena de encontrarme
con el tipo amable que solía ser.

Siempre pierdo algo notable:
una reunión
con esas personas que me invitan las cervezas,
las primeras líneas de un poema
que nunca logro recordar
o un diente de león
que se rompe y vuela
igual que las promesas que le hice
a tantos amores.

Escribo para no asfixiarme,
pongo puntos suspensivos a mis líneas,
firmo con sangre
y nunca le apuesto a un último verso
o a un punto final.

A veces escribo al revés
para tener el pretexto de mirar en el espejo
al tipo que pretendo exorcizar.

Después de todo
no es un acto suicida
asesinar lo muerto que vive y se aferra
a algo que se fue.

Por eso llego tarde a todos esos sitios importantes,
para evitar la pena de encontrarme
con el tipo amable
que solía ser.

A LO MEJOR NECESITO UN NUEVO PENE,
no un pene amoroso,
ni uno que se sepa las canciones que te gustan
tampoco uno que se la pase leyendo libros de poesía.

Quizás un pene macho,
un pene pavorreal,
uno que se mida desde su animalidad
y aunque su tamaño y su estatura no son problema
creo que sería útil para retener a alguien.

Posiblemente si me operara
no lo alargaría,
me pondría otro más,
quizás hasta tres a la vez.

Pero de que me serviría,
después querrías un misil,
o un extintor,
o un caballo,
a alguien
o algo nuevo
que no sea yo.

SI MI PERRO NO FUERA UN PERRO
seguramente sería un caballo de carreras,
lo sé
por su postura cada que tocan la puerta
pero por su carácter noble y mirada agachada
se dejaría vencer en todas las carreras
para que los demás caballos ganen.

También podría ser un gran cantante
porque al ladrar tiene registro de barítono
que hace contrapunto
cada que pongo un disco de Mahler.

O sería un buen psicólogo
porque se queda escuchando muy atento
cuando rompo y limpio el llanto
que cae al suelo
en mis noches con insomnio.

Por las mañanas me despierta
para sacar a pasear mis desveladas tristezas
siendo mi entrenador personal de cardio,
mi cómplice en esta rutina inacabada.

Si mi perro no fuera un perro
seguramente no patearía a nadie,
llegaría temprano a casa para compartir la mesa
y antes de dormir escribiría un poema
que hable del porqué su humano
no es un perro como él.

MI ABUELO
DEJÓ COLGADA SU VEJEZ,
la ha dejado para alguien desocupado.

Porque dentro de sus ojos
hay muchos niños con linternas
jugando en un bosque por las noches.

Su prolongada infancia
ya no quiere sentir
cómo cae granizo sobre sus zapatos
en tallas que nunca le quedaron.

Y me invita a pasar a su mundo,
con sus ochenta años de arrastrar raíces,
con gavetas entreabiertas llenas de veranos
donde guardaba su juventud bajo llave
entre poemas que nunca terminó
y ahora están volando.

Cuando sea mayor
quisiera ser el niño
que es mi abuelo.

PUEDE QUE ESCUCHÉ QUE ALGUIEN TOCA LA PUERTA
pero quizá sea solamente el viento
o es el cartero llamando a esta casa sin número,
sin noticias del silencio,
o es alguien que quiere que deje entrar a Dios.

Puede ser que sea yo
quien busca incansablemente
esa caricia de lúgubre tambor,
de puño golpeando constantemente este pecho.

Cuántas veces me he mudado de mí mismo,
cuántas puertas me han dado sus llaves,
pero al intentar abrirlas
giran
y nunca se detienen;
y tampoco abren nada.

O tal vez solo sea esta locura,
o puede que sea un pretexto para no suicidarme
y creer
que sí es Dios quien toca la puerta
o es el viento,
o en realidad
nunca ha sido nadie.

Ángel Díaz nació en la Ciudad de México en 1983. Es Maestro en Educación por parte de la Universidad Fray Luca Pacioli y Licenciado en Administración de Empresas y pasante de la Licenciatura en Letras Hispánicas por parte de la Universidad Nacional Autónoma de México.

Ha publicado su obra en variadas antologías poéticas.

ÍNDICE

He puesto doble llave a la puerta para impedir que la soledad
salga a buscarte

Desde tus palabras soy un extranjero

Qué manera de vivir tiene el olvido

Amar es desempolvarse

He recortado mi barba y me reencuentro en el espejo con mi padre

Un pez al anzuelo (poemas sueltos)

Se cuenta que el rey poeta
Nezahualcóyotl dijo: *"Dejemos al
menos flores. Dejemos al menos cantos."*
Este libro se terminó de editar en
junio de 2021 en Ayapango, México.

www.ingramcontent.com/pod-product-compliance
Lightning Source LLC
Chambersburg PA
CBHW022034090426
42741CB00007B/1067